삐딱술사와 수수께끼 과학 교실

초판 1쇄 2022년 9월 10일
지은이 이명진
그린이 강은옥
펴낸이 권경은
펴낸곳 도서출판 책숲
출판등록 제567-251002011000156호
주소 경남 창원시 마산합포구 중앙동로 10 102동 801호
전화 070-8702-3368
팩스 02-318-1125

ISBN 979-11-86342-64-0 (73400)

*값은 뒤표지에 있습니다.
*잘못 만든 책은 구입하신 서점에서 바꾸어 드립니다.

차례

수수께끼 박사와 호기심 대마왕 ········ 6

삼거리 슈퍼 ········ 18

갑자기 튀어나온 삐딱술사라니! ········ 24

변신쟁이 물 ········ 30

뜨겁지 않은 불 ········ 36

삐딱술사의 숲속 실험실 ········ 42

양초의 변신 ········ 49

수수께끼는 사방에 있어	56
날씨와 수수께끼	64
운동과 수수께끼	70
지구가 우리를 끌어당기고 있대	76
움직이는 것들은 언제나 놀라워	86
새로운 생각으로 가는 지름길	90
정답	106

수수께끼 박사와 호기심 대마왕

"띵 띠리 띵 띠리 띠링띠리 띵 띠리!"
"와아!"
수업이 끝나자 아이들이 우르르 학교를 빠져나왔어요.
"누리, 누리, 나누리! 콩 한 쪽도 나눠 먹고,
야단도 나눠 맞고, 방귀 냄새도 나누리."
"너! 이름 갖고 자꾸 놀릴 거야?"
누리는 책가방을 흔들며 방귀쟁이 호준이를 쫓아갔어요.
호준이가 멀리 도망가 버리자 쫓는 걸 포기한 누리는
터벅터벅 걸으며 아빠 말을 떠올렸어요.
'누리는 세상이라는 뜻이야.
엄마, 아빠한테 온 세상처럼 소중한 우리 누리!'
"흥! 내 이름이 얼마나 멋진데!"
누리는 호준이한테 뜻을 꼭 알려 주겠다고 마음먹었어요.

누리와 반에서 제일 친한 건 진구였어요.
누리와 진구가 친해진 건 달팽이 때문이에요.
"달팽이 이빨 만져 볼래?"
어느 날 진구는 비밀을 속삭이는 것처럼 누리에게 말했어요.
누리는 달팽이 앞에 쭈그리고 앉아 다리에 쥐가 날 때까지
진구의 이야기를 들었지요.
진구의 별명은 호기심 대마왕이에요.
"오진구, 또 엉뚱한 소리!"
오늘도 진구는 이상한 질문을 하다가
선생님한테 '딱!' 꿀밤을 맞았어요.
진구는 뭔가 관찰하거나 골똘히 생각에 빠져 있을 때가 많은데,
가끔은 아주 시끄러울 때도 있어요.
헐레벌떡 친구들을 불러 모으고
새로 알아낸 사실을 종알종알 떠들어 대거든요.
처음에는 귀를 쫑긋하던 아이들이 지쳐서 하나둘 가 버리면
마지막 남은 친구가 항상 누리였어요.
엊그제도 진구는 아이들을 모아 놓고
'위대한 과학자 갈릴레오' 이야기를 늘어놓았어요.
이때도 마지막까지 듣고 있던 사람은 누리였지요.

"어, 진구잖아?"

터벅터벅 걷던 누리의 걸음이 빨라졌어요.

누리는 얼음처럼 멈춰 선 진구에게 살금살금 다가갔어요.

'왁!' 하고 놀래킬 생각이었지요.

그 순간 진구가 고개를 휙 돌리더니 큰 소리로 물었어요.

"아무리 먹어도 배부르지 않은데 안 먹으면 죽는 건 뭐게?"

깜짝 놀란 누리가 말을 더듬었지요.

"뭐, 뭐라고?"

"생각해 봐. 누리 넌 수수께끼 좋아하잖아."

"음, 그게……."

떠오를 듯 말 듯해서 누리는 애가 탔어요.

그때였어요. 마법처럼 답이 딱 떠올랐어요.

누리는 고개를 번쩍 들며 외쳤어요.

"그런데 진구 너, 아까 왜 그러고 서 있었어?"
"누가 손도 대지 않고 내 머리를 쓰다듬어서."
"손도 대지 않고 머리를 쓰다듬었다고?"
"응."
"가만있어 봐. 누가 머리를 쓰다듬었단 말이지?
손도 대지 않고 이렇게 말이야."
누리는 자기 머리를 양손으로 쓰다듬었어요.

그러다 누리는 장난기가 발동했는지 손뼉을 치며
개다리춤까지 추었어요.
그 모습을 보고 진구가 깔깔깔 웃었지요.
누리가 외쳤어요.
"생각났어! ○○!"

손도 대지 않고 머리를 쓰다듬는 것은?

(정답은 106쪽에 있어요.)

밤에는 아무리 찾아도
안 보이는 것은?

진구와 누리는 나란히 걸었어요.

"진구야, 내가 고양이처럼 살금살금 다가왔는데 어떻게 알아챘어?"

"다 아는 방법이 있지."

"어떻게?"

"저기 산봉우리 위를 봐. 지금은 우리 등 뒤에 있지?
밤에는 아무리 찾아도 안 보이는 것!"

진구가 몸을 돌려 산을 가리켰어요.

"밤에는 안 보이는 거? 저 위에?"

누리는 이마에 손을 얹고 두리번거렸어요.

"아하, 저기! ○○ 말이지?"

"맞아. 저게 '누가 온다, 누가 온다' 하면서 신호를 보내 주거든."

누리는 알쏭달쏭했어요.
그러다 뭔가 생각난 듯 팔을 힘차게 내저으며
앞서 걷기 시작했어요.
"나를 따라와! 앞으로!"
진구도 누리처럼 팔을 앞뒤로 흔들며 따라왔어요.
갑자기 누리가 소리쳤어요.
"그대로 멈춰랏!"
진구랑 땅을 번갈아 쳐다보던 누리가 깔깔대고 웃었어요.
"낮이 되면 작아졌다가 저녁이 될수록 점점 키가 커지는 것은?"
"밝을 때는 죽자 살자 쫓아다니다가
그늘에만 들어가면 감쪽같이 사라지는 것은?"
진구가 답을 말하지 않고 수수께끼를 냈어요.
"우리 둘이 똑같은 걸 생각하고 있는 거 맞지?"
누리와 진구는 똑같이 외쳤어요.
"○○○!"

낮이 되면 작아졌다가 저녁이 될수록
점점 키가 커지는 것은?

밝을 때는 죽자 살자 쫓아다니다가
그늘에만 들어가면 감쪽같이 사라지는 것은?

삼거리 슈퍼

수수께끼를 내며 집에 오다 보니 삼거리 슈퍼가 나왔어요.
누리와 진구는 누가 먼저랄 것 없이 주머니를 뒤졌어요.
누리도 500원, 진구도 500원을 꺼냈어요.
손잡이 막대가 2개인 아이스크림을 샀지요.
그런데 손가락 한 마디 정도가 한쪽으로 넘어가 붙어 버렸어요.
누리가 먼저 선수를 쳤어요.
"내가 내는 수수께끼 맞히면 큰 쪽을 진구 네가 먹어.
만약 못 맞히면 큰 쪽이 내 거! 알았지?"
"좋아. 뭔데? 빨리빨리!"
"겨울에 밖에 있는 게 추워 보여서 이불 속에 재워 줬더니
오줌 싸고 감쪽같이 사라진 사람은? 하나, 둘, 셋······."
"내 동생?"
"땡! 넷······ 아직 모르겠어? 넷 반. 아직? 다섯! 땡!"
"에이, 뭐야!"
진구는 아쉽다는 듯 작은 쪽 아이스크림을 집었어요.
"히히히, 정답은 ○○○!"
누리는 활짝 웃으며 아이스크림 밑동부터 핥았어요.

진구는 슈퍼 앞 평상에 누워 물었어요.
"날개도 없이 하늘 위를 날아가는 것은?"
"○○!"
"무거워지면 눈물을 흘리는 것은?"
"그것도 ○○!"
누리가 이번에도 정답을 말했어요.
"에이, 시시해! 모르는 게 없잖아."
진구가 말했어요.
그러자 누리가 진구 쪽으로 돌아누우며 물었어요.
"진구야, 나 궁금한 게 있어. 비는 구름에서 내리잖아. 그럼 눈은?"

"눈도 구름에서 내려.
더울 때는 눈물을 흘리고, 추울 때는 꽃을 내린대."
"꽃이라고?"
진구는 하품을 하며 졸린 목소리로 대답했어요.
"추울 때 내리는 꽃! 그건 바로 눈꽃이야!"
"아하, 그렇구나."
하품을 따라 하던 누리도 눈이 반쯤 감겼어요.

날개도 없이 하늘 위를 날아가는 것은?
무거워지면 눈물을 흘리는 것은?

"하암, 그렇구나. 물은 참 신기해. 변신도 하고……."
스르륵 잠이 들려던 참이었어요.
누리와 진구가 깜짝 놀라 눈을 번쩍 떴어요.
태양 한가운데 검은 점이 점점 커지더니 빛을 꼬리에 달고 아래로 떨어지고 있었어요.
이상한 건 눈을 감아도 검은 점이 계속 커지는 거예요.
그리고 점점 가까이 다가왔어요.
검은 점이 솥뚜껑만 하게 보일 때쯤……

펑!
눈을 떠 보니 눈앞에서 푸른빛이 깜박깜박했어요.
"뭐지?"
누리가 먼저 입을 열었어요.
"나 말이니?"
푸른빛이 파르르르 떨더니 대답했어요.
"누구세요?"
진구가 물었어요.
"나는 삐딱술사란다!"
뾰족 모자에 긴 망토를 펄럭거리는 마법사가 대답했어요.

갑자기 튀어나온 삐딱술사라니!

삐딱술사는 한 바퀴 공중제비를 돌고 나서 말했어요.
"난 오랫동안 있거나 없었어.
또 어디에나 있지만 어디에도 없지."
무슨 말인지 몰라서 누리와 진구는 서로 얼굴만 쳐다봤어요.
삐딱술사가 아이들 사이를 스치고 지나갔어요.
따뜻한 바람과 함께 달콤한 향기가 퍼졌지요.
"저번에 진구가 갈릴레오 이야기를 하던데, 그거 아니?
오래전 갈릴레오에게 궁금증을 훅 불어넣은 게 바로 나야.
성당의 샹들리에를 흔들흔들 흔들어 주었지."
진구가 깜짝 놀라 물었어요.
"갈릴레오를 안다고요?"
"물론이지. 나는 사람들에게 궁금증을 선물해."
"삐딱술사님이 진구한테도 궁금증을 불어넣은 건가요?"
누리가 물었어요.
"맞아! 세상에는 궁금한 게 참 많지?
왜 그럴까, 궁금할 때는 기꾸로도 생각하고,
삐딱하게도 생각해 봐.
그러면 엄청 재미난 일들이 펼쳐진단다."

"그런데 갑자기 왜 우리 앞에 나타난 거예요?"

"너희랑 놀고 싶어서지. 나도 너희만큼 수수께끼를 좋아해. 먼저 변신쟁이 물에 대한 수수께끼를 풀어 볼까?"

"좋아요! 제가 먼저 수수께끼를 내 볼게요."

진구가 자신 있게 나섰어요.

"내려갈 수 있어도 올라가지는 못하는 것은?"

"그건 바로 ○!"

누리가 손을 들며 외쳤어요. 설명까지 덧붙였지요.

"시냇물, 계곡물, 강물은 모두 아래로 흘러가잖아요."

"항상 그런 건 아니야."

이렇게 말하며 삐딱술사가 넓은 망토를 활짝 펼치자

영화관 화면처럼 변하더니 아이들 눈앞에 이상한 기계가 보였어요.

"이건 고대의 아르키메데스가 만든 양수기야.
원통 안의 나선 모양 기둥이 돌아가면서 물을 길어 올렸지.
기계를 이용하면 물을 끌어 올릴 수 있어."

삐딱술사의 말에 누리가 말했어요.

"분수도 물을 위로 뿜어 올리잖아요."

그 말에 삐딱술사가 고개를 끄떡이며 말했어요.

"맞아. 대신 분수는 펌프를 사용해 물을 위로 보낸단다."

• 아르키메데스: 고대 그리스 시라쿠사 출신 철학자, 수학자, 천문학자, 물리학자 겸 공학자. 아르키메데스가 생각해 낸 나선 양수기 원리는 오늘날에도 사용된답니다.

내려갈 수 있어도
올라가지는 못하는 것은?

"위로 올라가는 물에 대해 좀 더 생각해 볼까?

나무는 어디서 물을 빨아들이지?"

삐딱술사가 물었어요.

"뿌리로 땅속의 물을 빨아들이잖아요."

"맞아. 그런데 어떻게 나무 꼭대기까지 물이 올라갈 수 있을까?"

삐딱술사가 삼거리 슈퍼 옆에 있는 키 큰 나무를 가리키자

누리도 고개를 갸웃하며 말했어요.

"그러고 보니 신기하네요.

뿌리에서 흡수한 물이 어떻게 저 꼭대기까지 올라갈까요?"

"뿌리와 줄기에는 물이 지나가는 관이 있어.

가는 관을 통해 나무는 물을 위로 보낼 수 있단다.

또 잎의 공기구멍에서 물이 증발되는 현상이나

뿌리나 땅 속 농도가 다른 것도 물을 끌어 올리는 데 힘을 보태."

"물이 항상 아래로만 흐르는 건 아니군요.

물에 대한 비밀을 또 하나 알았어요."

진구도 고개를 끄덕이며 말했어요.

- 모세관 현상 : 가느다란 관을 액체에 세워 놓으면 저절로 올라가는 현상
- 증산 작용 : 잎의 공기구멍을 통해 물이 수증기 상태로 빠져나가는 현상
- 삼투압 현상: 농도가 다른 두 액체를 반투과성 막으로 막아 놓았을 때, 농도가 낮은 쪽에서 높은 쪽으로 액체가 이동하는 현상

변신쟁이 물

"물과 관련한 수수께끼, 이건 어때요?
하나에 하나를 더해도 하나가 되는 것은?"
진구의 말에 누리가 손을 번쩍 들며 말했어요.
"○○○! 전에 연잎 위에 고여 있는 걸 본 적 있어.
"난 지구의 물을 모두 하나로 뭉치는 상상을 한 적도 있어. 하하하."
진구의 말에 누리도 두 팔을 들어 크게 동그라미를 만들고
흔들흔들하면서 따라 웃었어요.
아이들 웃음소리에 맞춰 삐딱술사의 뾰족 모자 끝에서
푸른빛이 또 깜박였어요.
긴 망토를 펄럭이며 날아오른 삐딱술사는 공중에서 맴을 돌았어요.
눈이 휘둥그레져서 올려다보는 누리와 진구에게
삐딱술사가 이야기했어요.
"물이 변신을 잘한다고 했잖아.
구름이 됐다가 비가 되기도 하고 눈이 되기도 하면서 말이야.
그런데 비슷한 게 또 있어."

들도 산도 강물도 삼켰다 뱉었다 하는 개는?

"뭔데요?"

누리와 진구가 동시에 물었어요.

"엄청 큰 개인데 들도 산도 강물도 삼켰다 뱉었다 하는 개는?"

"엄청 큰 개라고요? 멍멍 개?"

아이들이 고개를 갸웃거리자 삐딱술사는 더 신이 났어요.

"물하고 관계있는 걸 생각해 봐."

"아하! 알겠어요. ○○!"

진구가 눈을 반짝이며 대답했어요.

하늘에서 마구마구 내리는 박은 뭘까?

"나도 생각난 게 있어.

금이네 할머니를 밭으로 종종걸음하게 만드는 건데,

하늘에서 마구마구 내리는 박은 뭘까?"

누리는 등이 굽은 금이네 할머니 걸음을 흉내 내며 물었어요.

"흥부와 놀부에 나오는 박?"

"하하하! 그 박이 아니야. 정답은 ○○!"

누리는 깔깔깔 웃다가 또 뭔가 생각난 듯 말했어요.

"또 있다. 아침에 나뭇잎 위에 내리는 진주는?"

"진주라고? 아참! 우리 진주! 큰일 났다!

삐딱술사님, 저는 이만 가 봐야겠어요."

진구가 급하게 인사하고 집 쪽으로 달려가자

누리도 인사를 하는 둥 마는 둥 하고 진구를 따라갔어요.

아침에 나뭇잎 위에 내리는 진주는?

진구가 이렇게 서두르는 데는 이유가 있어요.

진구 아빠는 아침 일찍 트럭을 몰고 나가면 한밤중에 들어오시고,

진구 할머니는 귀가 어두운 데다 잔소리쟁이였어요.

아마 동생 진주는 아까부터 내내 오빠를 기다리고 있었을 거예요.

집이 보이기 시작하자 달음박질을 멈춘 진구를 붙잡고

누리가 속삭이듯 말했어요.

"잠깐만 진구야, 너희 할머니 저녁 드시면 그냥 주무시지?"

"응."

"저녁에 나올래?"

"진주가 따라나설 텐데?"

"그럼 데리고 와."

"뭐 하려고?"

"뜨겁지도 않고 연기도 안 나는 신기한 불빛 구경 가자."

"뜨겁지도 않고 연기도 안 나는 불빛? 아하! ○○○○!

좋아. 할머니 잔소리는 좀 듣겠지만. 히히히!"

누리와 진구는 약속을 하고 갈림길에서 헤어졌어요.

뜨겁지도 않고 연기도 안 나는 신기한 불빛은?

뜨겁지 않은 불

저녁이 되자 마을 어귀 팽나무 앞에서
누리와 진구는 만났어요. 진구는 동생 진주도 데려왔지요.
진구가 생일날 아빠가 사 준 헤드 랜턴을 자랑하자,
누리도 목에 걸고 있는 관찰경을 자랑했어요.

"계곡 아래로 갈 거야. 출발하자!"
누리의 말에 진주는 뭐가 좋은지 깨끼발로 깡충깡충 뛰었어요.
"저기 수풀 쪽을 살펴보자. 불은 끄고."
진구가 랜턴을 끄자 하나둘, 반짝이는 빛이 나타났어요.
조용하고 캄캄한 숲이 춤추는 빛으로 가득했어요.

"진구야, 반딧불이를 다른 말로 뭐라고 하게?"
누리가 작은 목소리로 물었어요.
진구가 고개를 갸웃거리자, 누리가 힌트를 주었어요.
"아주 흔하디흔한 건데 약에 쓰려면 없는 거 있잖아."
"○○?"
"그래. 예전에는 어디서나 볼 수 있을 정도로
반딧불이가 흔해서 ○○ 벌레라고 했대."
누리는 살금살금 다가가 반딧불이를 잡아 유리병에 담았어요.
관찰경으로 살펴보니 꽁무니에서 불빛이 나오고 있었어요.
"나도! 나도 볼래."
진주가 누리의 허리춤을 잡아당겼어요.
불빛은 한 줄인 것도 있고, 두 줄인 것도 있었어요.
"한 줄은 암컷, 두 줄은 수컷이야."
"그런데 반딧불이가 왜 빛을 내는지 알아?"
"예쁘다고 자랑하는 거야. 나처럼."
진주가 고개를 까닥거리며 대답했어요.
"짝을 찾으려고 그러는 거 아닐까?"
"후후, 역시 누리! 얼른 짝을 찾아서 알을 낳으려는 거야.
이제 그만 풀어주고 가자!"

그 순간, 코앞으로 반딧불이 하나가 날아왔어요.
콩알만 하던 빛이 사과만큼, 축구공만큼 커지자
누리는 쫘당 엉덩방아를 찧었고,
진주는 오빠 품에 얼굴을 파묻었어요.
빛은 점점 더 커지다가,
펑!
삐딱술사였어요.

"삐딱술사님!"

누리와 진구가 동시에 외쳤어요.

진주가 고개를 빼꼼 내밀고 물었어요.

"삐딱술사? 숲에 사는 요정이에요? 아니면 마술사?"

"뭐 비슷하다고 해 두자."

"헉! 그럼 우리를 개구리로 만들 건가요? 아니면 생쥐로?"

"뭐라고? 좋아, 그럼 개구리로 한번 만들어 볼까?"

삐딱술사가 활짝 웃으며 진주를 놀렸어요.

삐딱술사의 숲속 실험실

"그런데 모자가 참 예뻐요. 꼭 요정 모자 같아요."
진주가 삐딱술사의 뾰족 모자를 가리키며 말했어요.
"너도 한번 써 볼래?"
삐딱술사가 진주에게 모자를 씌워 주자,
진주가 붕 하고 하늘로 떠올랐어요.
처음에는 쥐똥나무 수풀만큼 올라갔다가 내려오고,
그다음엔 산수유 나무만큼, 그러다가 키 큰 소나무 꼭대기까지
올라가지 뭐예요.
"와! 오빠! 나 보여?"
진주가 나무 위에서 소리쳤어요.
진주가 내려오자 삐딱술사는 모자를 다시 쓰면서 말했어요.
"얘들아, 내 숲속 실험실에 같이 갈래?"
"실험실이요?"
"그래. 신기한 세상의 법칙을 연구하는
아주 특별한 실험실이란다!"
"좋아요."
누리와 진구가 동시에 소리쳤어요.

삐딱술사가 아이들의 손을 잡고
붕 하고 공중으로 떠오르자 커다란 블랙홀이 나타났어요.
그 구멍 속으로 쑥 빨려 들어가자 아이들은 소리를 질렀어요.
"으악!"
"살려 줘!"
블랙홀을 빠져나와 아이들이 쿵 떨어진 곳은 깊은 숲속이었어요.
저만치 앞에 지붕이 비뚤어진 집이 한 채 보였어요.
"어서 오세요. 삐딱술사 실험실에 오신 것을 환영합니다!"
삐딱술사가 집을 가리키며 말했어요.
실험실 안으로 들어간 누리와 진구, 진주는 눈이 휘둥그레졌어요.
여러 가지 실험 기구들이 집안 곳곳에 놓여 있었거든요.
커다랗고 투명한 그릇에서는 뭔가가 부글부글 끓고 있었어요.
"오빠, 저 그릇 속에 개구리 뒷다리랑 쥐 오줌을 넣었을 거야.
정말 우리를 개구리로 만들어 버리면 어떡해?"
진주의 말에 진구는 괜찮다는 듯 눈을 찡긋했어요.
그때 누리가 실험 기구들을 보며 수수께끼를 냈어요.
"더울 때는 키가 커지고 추울수록 키가 작아지는 것은?"
"○○○를 말하는구나."
진구가 벽에 걸린 ○○○를 가르키며 대답했어요.

그러자 이번에는 진주가 끼어들었어요.

"나도 문제 낼래! 오빠, 좀 도와줘."

진주가 오빠 귀에 대고 뭐라고 속삭이자
진구도 진주에게 속닥속닥 귓속말을 했어요.
진주가 천천히 한 마디, 한 마디 끊어서 말했어요.

"넓은, 입에는, 뚜껑이 없고…… 오빠, 그다음이 뭐였지?"

진구가 진주 귀에 대고 다시 속삭였어요.

"아! 넓은 입에는 뚜껑이 없고, 좁은 바닥에는 구멍이 뚫려서 졸졸졸 물을 흘려보내는 것은?"

누리가 모르겠다는 표정을 짓자 진주는 의기양양하게 기둥에 걸려 있는 ○○○를 가리켰어요.

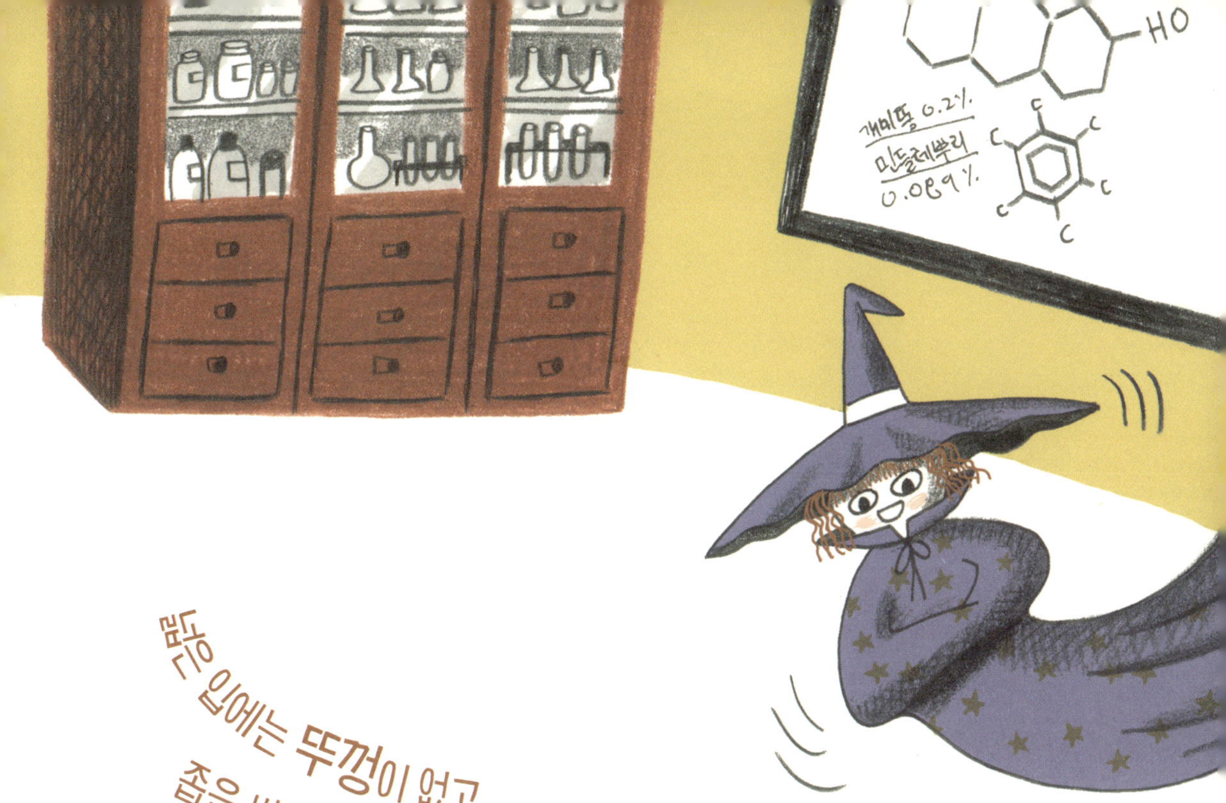
HO
개미똥 0.2%
민들레뿌리 0.089%

넓은 입에는 **뚜껑**이 없고
좁은 바닥엔 구멍이 뚫려서 물을 **졸졸졸** 흘려보내는 것은?

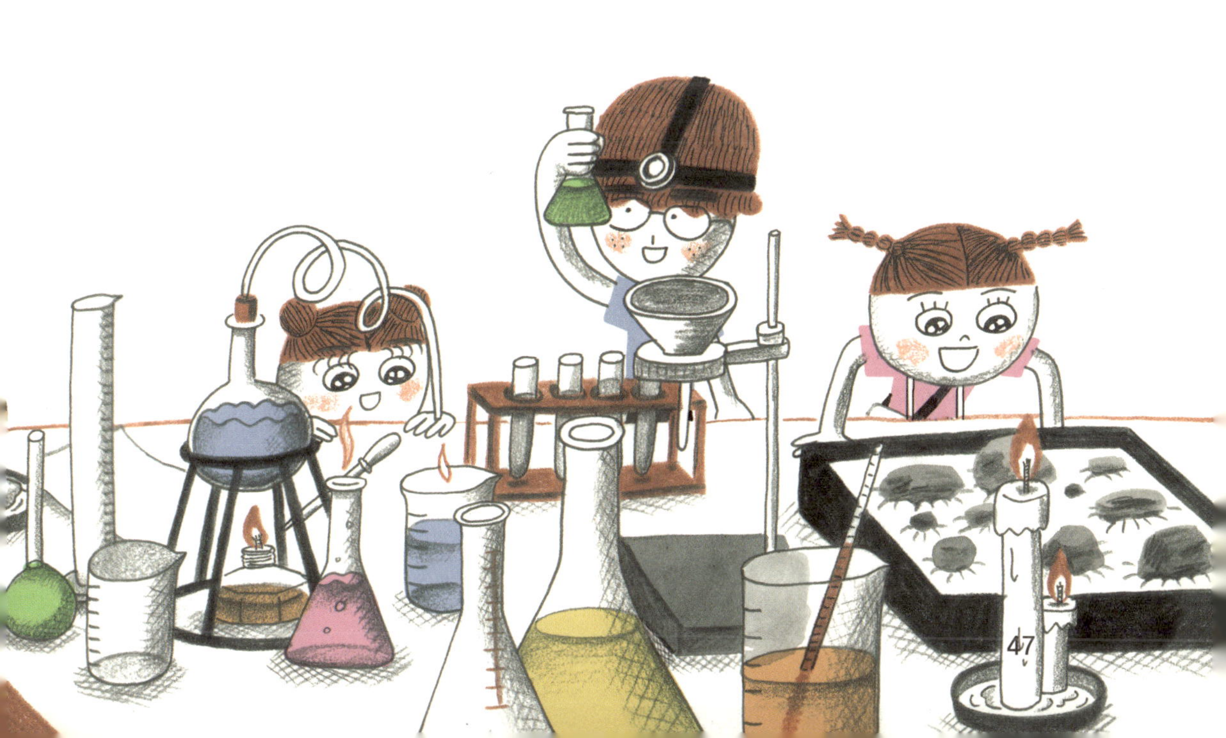

양초의 변신

실험실을 둘러보던 진구가 뭔가 생각난 듯 씩 웃으며 물었어요.
"한 송이로 방 안을 가득 채우는 꽃은 뭘까요?"
"꽃 하나가 방을 가득 채운다고?"
삐딱술사가 갸우뚱하는 사이 누리가 얼른 대답했어요.
"○○!"
"오호라! 그럼 이건 뭘까?
눈물을 흘리면서 하얀 몸 끝에 빨간 꽃을 피우는 것은?"
이번에는 삐딱술사가 문제를 냈지요.
그러자 누리와 진구는 눈을 마주치며 동시에 외쳤어요.
"○○!"
실험실에는 여기저기 불 켜진 ○○가 있었어요.
진구가 삐딱술사에게 말했어요.
"물처럼 양초도 변신쟁이래요."
"양초가 변신을?"
"네. 양초가 녹아 물처럼 흘러내리니까 변신한 거 맞잖아요."

"하하하! 맞아. 양초가 녹아 흘러내리는 것을 촛농이라고 해. 얼음같이 단단한 고체 양초가 물 같은 액체로 변한 거지."
"그럼 촛농도 냉장고에 넣어두면 얼음이 돼요?"
진주가 눈을 동그랗게 뜨며 물었어요.

"얼음이 아니라 다시 양초로 변하지.
냉장고에 안 넣어도 그냥 두면 굳어서 단단해져."
삐딱술사의 말에 이번에는 누리가 질문했어요.
"삐딱술사님, 물이 고체나 기체로도 변한다고 했는데,
기체로 변하면 정말로 하늘로 올라가나요?
기체는 보이지 않는데 어떻게 알죠? 혹시 공간 이동을 하나요? 슉슉!"
누리는 넓이뛰기를 하듯 저만치 풀쩍 뛰었어요.
"하하! 물은 눈에 보이지 않는 수증기로 변해서
공기 속으로 흩어지지. 여기에도 있어."
삐딱술사는 허공을 손으로 휘휘 내저으며 대답했어요.

〈물의 변화〉

51

"그럼 양초도 기체로 변신할 수 있나요?"

진구가 물었어요.

"하하하! 역시 호기심 대마왕답게 궁금한 게 많구나. 고체인 양초가 열 때문에 액체 상태의 촛농으로 변하면 심지 옆에 고이지?
촛농이 심지를 타고 올라가면 열을 받아 기체로 변하는데, 이게 타서 촛불이 되는 거야."

"그래서 양초 키가 자꾸 줄어드는 거예요? 타서 없어지니까?"

누리가 또 물었어요.

"진구한테는 훌륭한 생각 친구가 있네. 하하하!"

삐딱술사는 누리의 머리를 한번 쓰다듬고 계속 말했어요.

"없어졌다고 하는 건 정확하지 않아. 뭔가로 변한 거지. 자연의 물질은 사라지지 않아."

"무슨 말인지 잘 모르겠어요."

누리가 고개를 갸웃거리자 삐딱술사가 말했어요.

"세상의 모든 물질은 순환한다는 말이야.

물이 얼음도 되고 기체도 되는 것처럼!

이렇게 세상에는 여러 가지 비밀이 숨어 있단다.

아직 밝혀지지 않은 게 너무나 많지.

과학자들처럼 너희도 수수께끼를 하듯

숨어 있는 규칙을 찾아내 봐.

혹시 알아? 내가 가끔 슬쩍 도와줄지?"

삐딱술사는 계속 말했어요.

"앞으로 열심히 생각을 해 보렴. 아주 곰곰이! 때로는 삐딱하게!

자, 이제 돌아갈 시간이다."

삐딱술사의 말과 함께 아이들이 문을 열고 나오자마자

실험실은 온데간데없이 사라지고,

누리와 진구, 진주는 반딧불이 숲으로 돌아와 있었어요.

수수께끼는 사방에 있어

방학이 되자 누구보다 신난 건 누리와 진구였어요.
"진구야, 이 방에 있는 것을 수수께끼로 내 볼래?"
"좋아. 바람 불 때는 멈추고 바람이 없으면 흔들리는 것은?"
"바람이 없어야 흔들린다고? 아하! ○○!"
진구가 책상에서 ○○를 집어 들고 훌훌 부쳤어요.
"○○는 나무랑 종이로 만든 거야. 불을 붙이면 잘 타고, 물을 쏟으면 종이가 젖을 거야. 그냥 놔두어도 변할까?"

바람 불 때는 멈추고 바람이 없으면 흔들리는 것은?

"아주 오래 지나면 썩겠지. 썩는 건 변하는 게 맞아.
자, 이번엔 내 차례!
들어갈 때는 머리를 두들겨 맞고 나올 때는 머리를 끄덕이는 것은?"
누리가 묻자 진구가 벽을 가리키며 대답했어요.
"저거 맞지? ○!"
"맞아. ○도 변하는 물건일까?"
누리가 고개를 갸웃하며 물었어요.
"○은 그냥 놔두어도 쉽게 변해. 녹이 슬잖아."

"자, 수수께끼 박사인 내가 또 내 볼까?
이건 말은 못하지만 하는 대로 모두 따라 하는 흉내쟁이야."
"○○!"
진구가 정답을 말한 뒤 연이어 수수께끼를 냈어요.
"이건 거울하고 비슷한데, 물속에만 들어가면 사라지는 거야."
"거울하고 비슷한 거라…… 아하, ○○!
그런데 거울이랑 유리는 둘 다 잘 깨지잖아.
깨지거나 부서지는 것도 변하는 걸까?"
누리는 심각한 얼굴로 진구를 쳐다봤어요.
"글쎄……."
진구도 알쏭달쏭한 표정을 지었어요.

말은 못하지만 하는 대로 모두 따라 하는 흉내쟁이는?
물속에만 들어가면 사라지는 것은?

"그럼 이건 뭘까?
뜨겁게 달궈지다가 굴속을 나오면 몇 배로 커지는 것은?"
"○○!"
"맞았어! 그럼 ○○은 변할까, 안 변할까?"
누리는 ○○을 한 주먹 입에 넣으면서 흔들흔들 춤을 췄어요.
"우리가 이걸 먹으면…… 힘이 생기잖아.
이렇게 춤도 추고, 말도 하고, 뛸 수 있게! 변하는 게 아닐까?"
"○○이 우리가 움직이는 힘으로 변한다고?"
진구는 누리 말이 그럴싸하다고 생각했어요.

잠시 뒤, 누리와 진구는 개울에 왔어요.
날씨가 너무 더웠거든요.
'통통통통…….'
누리가 돌멩이를 하나 집어 물수제비를 떴어요.
"와! 어떻게 한 거야?"
"우선 납작한 돌을 골라. 그리고 이렇게 눕혀서
아주 빠르게 던져야 해."
툭…….
진구의 돌은 물속으로 그대로
가라앉고 말았어요.

"왜 나는 안 되지?"

"이만큼 더 눕혀서, 아주 빠르게 던져 봐."

통, 통, 통!

"우아! 됐다! 조금만 연습하면 잘하겠는데!"

누리와 진구는 큰 돌 위에 나란히 걸터앉았어요.

"잔잔한 물은 꼭 거울 같아."

"그렇네. 진구야! 수수께끼가 또 생각났어. 물 위에서 스케이트를 타는 건 뭐게?"

"물 위에서 스케이트를 탄다고? 얼음판도 아닌데?"

"응, 저기 잘 봐. 눈 크게 뜨고!"

"아하! ○○○○!"

진구의 대답에 누리가 팔까지 휘저으며 흉내를 냈어요.

"그런데 왜 이름이 ○○○○일까?"

진구가 묻자 누리가 대답했어요.

"소금장수가 등짐을 진 모습이랑 비슷해서 그렇대!"

누리와 진구는 수수께끼가 엄청 재밌었어요.

사방에 수수께끼가 있었어요.

"금은 금인데 아주 흔한 금은? 히히!"

누리가 어깨를 으쓱거렸어요.

따라 웃던 진구가 손으로 턱을 받치며 말했어요.

"○○이지. 맛이 짜고, 물에 잘 녹고, 바닷물에서 얻을 수 있는 것! 물에서 태어났지만 물에서 사라지는 것은?"

"그것도 ○○이지. 그런데 삐딱술사가 사라지는 건 없다고 했잖아. 변하는 거지."

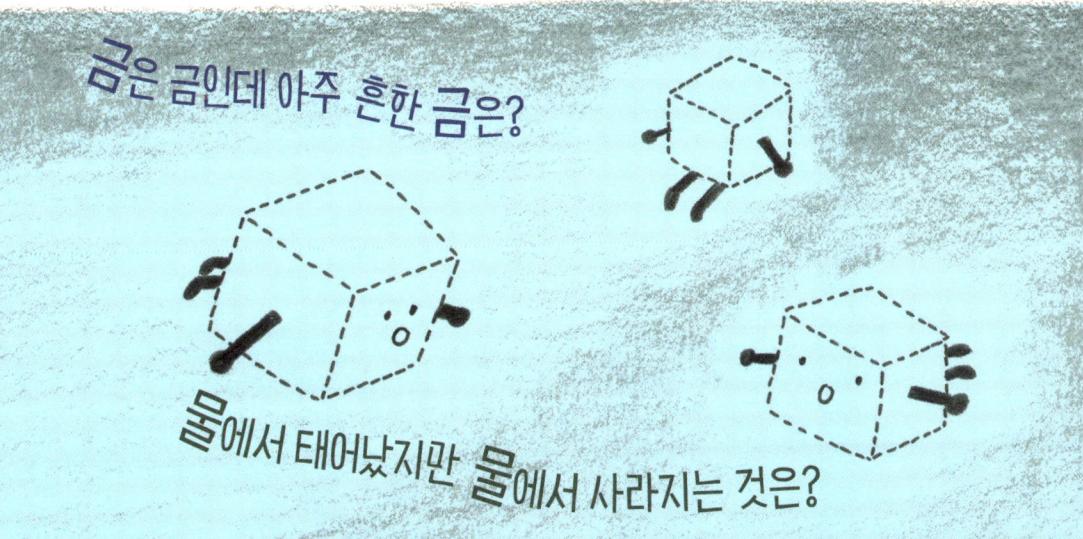

누리가 대꾸하자 진구는 다시 생각을 했어요.

"하긴 물에 녹아도 사라지는 건 아니니까. 그럼 이건 어때?
물에서 태어났지만 물 밖에 나와야 보이는 것은?"

"제법인데! 진구 너를 수수께끼 박사의 제자로 인정하노라!"

누리는 깔깔대며 진구의 머리와 어깨를 툭툭 건드렸어요.

물에서 태어났지만 물 밖에 나와야 보이는 것은?

날씨와 수수께끼

갑자기 하늘이 어두워지더니 먹구름이 몰려왔어요.
먼 하늘에서도 번쩍하는 게 보였지요.
"와! 저거 봐! 세상에서 제일 빠른 개는?"
"○○!"
진구가 단번에 크게 소리치자 누리가 화들짝 놀랐어요.
"뭐 그렇게 놀라니?
이제 금방 큰 소리가 날 텐데…….
빛을 따라 하늘에서 큰 소리로 우는 것은?"
진구 말이 끝나기가 무섭게 '우르릉 쾅쾅!'
땅까지 울리는 ○○ 소리가 들렸어요.
후둑, 후둑, 후두두둑!
소나기가 쏟아지자 누리와 진구는 근처에 있는 정자로 달려갔어요.

세상에서 제일 빠른 개는?

빛을 따라 하늘에서 큰 소리로 우는 것은?

"천둥과 번개는 왜 치는 걸까?"
그때 가까운 하늘에서 또 한 번 번개가 치더니
삐딱술사의 뾰쪽 모자가 '반짝' 하고 나타났지요.
"얘들아, 안녕!"
"아! 삐딱술사님!"
누리와 진구는 놀라서 벌떡 일어났어요.
"예전에도 천둥과 번개를 궁금해한 사람이 있었지.
그 사람은 천둥과 번개가 왜 생기는지 궁금해하다가
어느 날 연을 띄워 실험을 했어.
까딱 잘못하다가는 번개에 맞아 죽었을지도 몰라."
"그 사람이 누군데요?"
누리가 물었어요.

"벤저민 프랭클린!
프랭클린은 천둥과 번개가 전기와 관련이 있다는 걸 알아냈지.
구름 속에는 물방울만 있는 게 아니라 전기도 있단다.
전기는 플러스와 마이너스 두 종류가 있는데
이 둘이 만나 부딪히면 번쩍하고 불꽃이 생겨."
"그럼 천둥은요?"
"번개 주변의 공기가 열을 받아서 뚱뚱해지다가
꽝 하고 터지는 게 천둥이야.
풍선을 자꾸 불면 빵 터지는 것처럼 말이야."
"우아! 그렇군요. 진주가 천둥과 번개만 치면
하늘 괴물이 나타났다고 무서워했는데 꼭 말해 줘야겠어요.
이 원리를 알게 되면 안 무서워할 거예요."
"앗, 나 수수께끼 하나가 더 생각났어.
번개를 무서워하지 않고 온몸으로 받아 내는 것은?"
누리가 씩 웃으며 진구와 삐딱술사를 바라봤어요.
"번개를 온몸으로 받아 낸다고?"
"아하! ○○○!"
삐딱술사가 정답을 말했어요.

운동과 수수께끼

오늘도 누리와 진구, 진주는 팽나무 아래 모였어요.

"뭐 하고 놀까?"

"내가 준비한 게 있지. 뭔지 한번 맞혀 봐.
때리면 살고 안 때리면 죽는 것은?"

"때리는 건 나빠! 말로 해야지!"

진주가 따지듯이 말했어요.

"하하, 맞아. 그런데 이건 때려 줘야 힘이 나서 계속 돌 수 있어."

"돈다고? 아하! ○○구나! 보여 줘."

진구가 손을 내밀자 누리가 여러 가지 모양의
○○를 꺼냈어요.

나무를 깎아 만든 것도 있었고 작은 도토리 모양도 있었어요.

"누가 오래 돌리는지 시합하자!"

아이들은 신나게 ○○를 돌렸어요.
빙글빙글, 뱅글뱅글, 눈도 빙글빙글,
고개도 뱅글뱅글.

그 순간 작은 바람이 일더니.

빙그르르 반짝!

삐딱술사님이 또 찾아왔어요.

"안녕! 얘들아! 오늘은 팽이 놀이를 하고 있구나."
삐딱술사가 긴 망토를 펄럭이며 인사를 했어요.
"팽이는 어떻게 이렇게 빙글빙글 돌 수 있을까요?"
팽이에서 눈을 떼지 않고 진구가 물었어요.
"생각해 보렴. 처음에 어떻게 했지?"
"이렇게요."
누리가 커다란 팽이에 줄을 감아 힘차게 돌렸어요.
"만약 가만히 두었으면 팽이는 그대로 있었을 거야.
그런데 힘을 써서 돌리니까 멈추지 않고 돌지?
일단 움직이기 시작한 물체는 계속 움직이려고 하는 성질이 있단다.
관성이라고 하지."
삐딱술사는 한 바퀴 공중제비를 돌고 나서 물었어요.
"혹시 이렇게 계속 움직이려고 하는 것을 다른 데서 본 적 없니?"

남한테 꽁무니를 보여야 이기는 시합은?

곰곰이 생각하던 누리가 먼저 말했어요.
"있어요! 일단 수수께끼부터 풀어 보세요.
남한테 꽁무니를 보여야 이기는 시합은?"
"꽁무니를 보여야 이긴다고? 아하, ○○○!"
"네, ○○○를 할 때는 결승선을 지나 딱 멈추려고 해도
멈출 수가 없잖아요. 앞으로 한참 더 달리고 나서야 멈추지요."
"맞아, 그것도 관성 때문이야."
삐딱술사가 대답하자 이번에는 진구가 이야기했어요.
"아빠 트럭을 타고 갈 때 갑자기 찻길로 강아지가 뛰어들어서
차가 끽 섰는데 몸이 앞으로 기울어져서 깜짝 놀랐어요."

"맞아, 그게 관성이야.

차는 멈췄지만, 네 몸은 계속 앞으로 가려고 했던 거지."

아이들이 관성을 잘 이해하자 삐딱술사는 신이 났어요.

그 순간 진주가 눈을 동그랗게 뜨고 물었어요.

"사탕을 하나 먹었는데 또 먹고 싶고,

또, 또 먹고 싶은 것도 같은 건가요?"

어리둥절해진 삐딱술사가 갑자기 깔깔깔 웃었어요.

그리고 주머니에서 막대사탕을 하나 꺼내 진주에게 주었지요.

"이것도 먹어라! 밤은 밤인데 못 먹는 밤은?"

누리는 사탕을 주는 대신 진주한테 ○○을 콩 먹였어요.

지구가 우리를 끌어당기고 있대

"멈춰 있던 것은 그대로 멈춰 있고,
움직이던 것은 계속 움직이려는 성질이 있다는 것을
알아낸 사람은 바로 갈릴레오란다."
"갈릴레오라고요? 피사의 사탑에서 가벼운 공과 무거운 공을
동시에 떨어뜨린 사람 말이죠? 과학책에서 봤어요!"
진구가 눈을 반짝이며 물었어요.
"맞아. 갈릴레오가 또 무슨 실험을 했는지 볼까?
너희들이 좋아하는 수수께끼로 한번 풀어 보자."
삐딱술사는 잠시 생각하더니 문제를 냈어요.
"이게 약해지면 둥둥 떠다니고
이게 강해지면 땅에 붙어서 기어 다녀.
이게 뭘까?"

"이게 약해지면 몸이 둥둥 떠다닌다고요?"
누리가 고개를 갸웃거렸어요.
"이게 강해지면 땅에 붙어서 기어 다녀야 하고요?"
진구는 눈썹 사이가 올라가더니 입이 쑥 튀어나왔어요.
"물에서는 둥둥 떠다니잖아."
누리 말에 진구가 말했어요.
"우주선 안에서도 사람들이 둥둥 떠다니지."
"아하! 알겠다! ○○이요."
누리와 진구가 동시에 외쳤어요.

너무 약하면 둥둥 떠다니고,
너무 강하면 땅에 붙어서 기어 다니는 것은?

"그래. 지구의 중력 때문에 모든 것은 땅으로 떨어져. 땅으로 떨어지는 게 뭐가 있지?"
"공이요! 아무리 높이 던져도 꼭 떨어져요."
누리가 먼저 대답했어요.
"접시를 들고 있다가 놓치면 떨어져서 깨지기도 해요."
진구가 말했어요.
"꽃잎이나 나뭇잎도 이렇게 떨어지잖아."
진주가 치마를 나풀거리며 말했어요.

그러자 삐딱술사가 진주 손을 잡아당기며 말했어요.

"이렇게 잡아당기면 진주가 끌려오지?

지구는 붙들고 있지도 않은데 모든 것들을 끌어당기고 있어.

크든 작든, 무겁든 가볍든 상관없이 모두 다!"

"그런데 새는 왜 안 떨어져요?"

진주가 포르르 날아가는 새를 가리키며 물었어요.

"그러네. 새똥은 떨어지는데……. 전에 진주 너 새똥 맞았잖아."

진구가 깔깔 웃으며 말했어요.

"그야 새는 지구를 이겼기 때문이지.

지구가 끌어당기는 힘보다 날갯짓이 세니까 날 수 있는 거야."

누리의 설명에 삐딱술사는 고개를 크게 끄덕였어요.

"지구는 둥근 공 모양인데 왜 지구 아래쪽이나 남극에 있는 사람은 우주 밖으로 떨어지지 않을까?"

삐딱술사가 묻자 누리가 단박에 대답했어요.

"지구가 땅으로 끌어당기고 있잖아요. 지구 중심 쪽으로요! 그러니까 남극에 있어도 우주 밖으로 떨어질 염려는 없어요."

"그럼 중력의 힘은 모든 곳에서 똑같을까? 에베레스트같이 높은 산꼭대기랑 바닷속의 중력은 같을까?"

삐딱술사가 질문하자 진구가 말했어요.

"높은 산에서는 중력이 작지 않을까요? 지구의 중심에서 멀어지잖아요. 가까이 두면 딱 붙어 버리는 자석도 멀어지면 안 붙잖아요."

"그럼 무거운 것과 가벼운 것에 미치는 중력의 힘은 같을까?"

삐딱술사의 질문은 꼬리를 물고 계속 이어졌어요.

이번엔 누리가 대답했어요.

"무거운 물체일수록 중력이 커야 땅에 딱 붙어 있을 수 있겠죠."

"생각 주머니가 커서 그럴까? 정말 이해를 잘하는구나."
삐딱술사의 칭찬에 아이들은 신이 났어요.
"내가 널 끌어당기고 있다."
누리가 두 손을 앞으로 하고 진구를 끌어당기는 시늉을 했어요.
진구도 웃다가 손을 위로 들고 끌어당기는 흉내를 냈어요.
"내가 지구를 끌어당기고 있다. 하하하!"
"후후. 꼭 장난꾸러기 뉴턴을 보는 것 같구나.
뉴턴의 사과에 대해 들어 봤니?
뉴턴은 과수원에 앉아 사과를 보고 있었어.
그때 뉴턴의 생각을 사로잡은 건 하늘의 달이었어.
사과는 떨어지는데 하늘의 달은 왜 떨어지지 않을까?
아마 이런 생각을 했을 거야."

삐딱술사의 말에 누리가 바로 대답했어요.

"달도 지구를 이긴 거지요. 히히히."

"무거운 것일수록 지구가 당기는 힘이 크다고 했잖니? 달보다 지구가 무거운데 왜 안 끌려 왔을까?"

삐딱술사의 삐딱한 질문에 진구는 오히려 신이 났어요.

"달은 빙글빙글 돌고 있잖아요. 계속 돌려는 관성 때문에 지구 쪽으로 떨어지지 않는 거예요."

"맞아! 또 뉴턴은 달도 지구를 끌어당긴다고 생각했어. 지구와 달이 서로 끌어당기고 있다는 거지."

"아하! 그게 바로 만유인력의 법칙이죠?"

진구가 크게 외쳤어요.

"후후, 다시 갈릴레오의 생각 실험을 따라가 볼까?
무거운 거랑 가벼운 것 중에 지구는 어떤 것을
더 세게 끌어당긴다고 했지?"

"무거운 거요."
"그럼 가벼운 것과 무거운 것 중 가만히 있던 것을
움직이게 하려면 어떤 것이 더 힘들까?"
"무거운 거요."
대답을 하고 진구가 눈이 커다랗게 떴어요,
"아하! 그래서 갈릴레오의 생각 실험에서
나무공과 쇠공이 동시에 떨어졌군요.
무거우면 지구가 세게 잡아당기지만 더 잘 움직이려고
하지 않기 때문이죠!"
그러자 누리가 고개를 갸웃거리며 물었어요.
"그래도 무거운 게 빨리 떨어지지 않나요?
낙엽은 펄럭이면서 천천히 떨어지잖아요."
삐딱술사가 웃으며 대답했어요.
"하하하. 그건 맞아. 한 가지 더 생각해야 할 것은 공기란다.
공기는 떨어지는 물체를 방해하니까.
만약 공기가 없는 진공 상태에서 실험하면 나무공과
쇠공이 똑같이 떨어질걸."
"공기는 눈에 안 보이지만 정말 대단한 활약을 하는군요."
누리가 하늘을 쳐다보며 어깨를 으쓱했어요.

움직이는 것들은 언제나 놀라워

"저는 공기의 힘을 확실하게 느껴 본 적이 있어요."

누리가 말했어요.

"언제?"

"하늘과 땅 사이에서 줄다리기를 하는 것 있잖아요."

누리가 기습적으로 수수께끼를 냈어요.

"하늘과 땅 사이에서 줄다리기? 뭐지?"

진구가 누리를 쳐다봤어요.

"상대편 줄이 끊어지면 이기는 것 있잖아."

"아하! 알겠다. ○○○○!"

진구는 지난겨울에 누리와 연줄 끊기 시합을 했던 게 생각났어요.

연줄에 깨진 사기그릇을 대고 막 문질러 댔지요.

"그때 바람이 정말 셌지? 내가 하마터면 연을 놓칠 뻔했잖아.

그러고 보니 또 생각나는 수수께끼가 있어.

연을 높이 띄우면 띄울수록 자꾸 야위는 것은?"

"○○!"

누리가 대답했어요.

뻐딱술사는 누리와 진구를 흐뭇한 얼굴로 쳐다봤어요.

누리가 계속 이야기했어요.
"공기 저항 때문에 낙엽이 천천히 떨어진다고 했지?
나한테 생각나는 수수께끼가 있어."
"이번엔 내가 맞혀 볼래."
진주가 콩콩 뛰며 말했어요.
"하얀 공처럼 모여 있다가 바람이 불면
잡은 손을 놓고 하나씩 멀리 여행을 떠나는 것은?"
"응? 뭐지?"

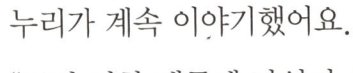

"진주야, 잘 봐. 후우!"

누리가 뭔가를 잡고서 주먹 위로 '후!' 입바람을 불자 진주 눈이 반짝였어요.

"○○○ ○○! 맞지?"

"잘했어. ○○○ ○○도 공기가 있어야 멀리 퍼져 나갈 수 있어."

진주는 신나서 후후 입바람을 불며 뛰어다녔어요.

새로운 생각으로 가는 지름길

"그럼 민들레 씨앗을 흉내 내서 발명된 게 뭔지 아니?"
삐딱술사가 민들레 씨앗처럼 날아올랐다가
팔을 펼치고 내려오면서 물었어요.
"그건 제가 알아요. 낙하산이죠?"
"진구가 잘 알고 있구나.
자연을 잘 관찰하면 새로운 것을 만들어 낼 수도 있어.
그러니까 눈을 크게 뜨고 잘 관찰하렴. 때로는 삐딱하게!"
"삐딱하게 보라고요?"
누리가 물었어요.
"그래. 늘 보던 것도 다르게 보라는 말이야.
다른 방향에서 다른 생각을 갖고."
누리가 물구나무를 서서 말했어요.
"이렇게 거꾸로 보면 하늘도 나무도,
삐딱술사님도 다르게 보여요. 히히!"
"하하하! 다른 눈으로 보는 건 새로운 생각으로 가는 지름길이지.
새로운 것을 찾으려면 끊임없이 궁금해하고 질문해야 해."
삐딱술사가 웃으며 말했어요.

삐딱술사와 아이들은 붕 날아올라
학교 운동장 놀이터로 내려왔어요.
진주는 다다다 달려가더니 회오리바람처럼
미끄럼틀을 타고 내려왔어요.
"왜 진주는 계속 미끄러지지 않고 내려와서 멈췄을까?"
"미끄럼틀이 끝났으니까요."
누리가 머리를 긁적이며 대답했어요.
"그럼 미끄럼틀을 더 길게 해 볼까?"

삐딱술사가 공중제비를 몇 바퀴 돌자 놀이공원처럼
엄청나게 긴 미끄럼틀이 펼쳐졌어요.
진주는 꺄아 소리를 지르며 미끄럼틀을 내려왔지요.
그런데 미끄럼틀 중간에서 진주가 스르르 멈췄어요.
삐딱술사가 이번에는 진주를 쳐다보며 수수께끼를 냈어요.
"다리로 올라갔다가 엉덩이로 내려오는 것이 뭐지?"
"○○○○!"
진주가 함박웃음을 지으며 대답했어요.

다리로 올라갔다가 엉덩이로 내려오는 것이 뭐지?

"미끄럼틀 중간에서 진주가 왜 멈췄을까?"
누리와 진구는 생각에 빠졌어요.
"움직이던 것은 계속 움직인다고 했지만 방해하는 힘이 있는 것 같아. 공기가 그랬던 것처럼."
진구 말에 누리도 맞장구를 쳤어요.
"맞아. 진주가 너무 무거워서 그런 거 아닐까? 작은 공을 굴리면 더 멀리 갔을 거야."

삐딱술사는 진주를 미끄럼틀 위에 다시 올려 주었어요.

"움직이는 것을 방해하는 힘이라,

좋은 생각이야! 무게랑 관련이 있다는 것도 좋은 생각이고!

미끄러지는 것을 방해하는 힘! 그걸 바로 마찰력이라고 해."

"맞네. 진주가 무거워서 멈춘 거!"

누리의 말에 진주는 화가 나서 발을 동동 굴렀어요.

"그럼 움직임을 방해하는 거니까 마찰은 나쁜 건가요?"

진구가 물었어요.

"과연 그럴까?"

삐딱술사는 빙긋 웃었어요.

"빙판에서는 마찰이 적어야 썰매를 신나게 탈 수 있어요."

누리의 말에 진구가 이어서 말했어요.

"마찰은 커야 좋을 때가 있고, 작아야 좋을 때도 있어요. 미끄럼틀이나 빙판은 마찰이 적어야 신나게 놀겠지만 신발 바닥은 마찰이 커야 미끄러지지 않고 걸을 수 있죠."

삐딱술사가 웃으며 또 다른 수수께끼를 냈어요.

"달리면 똑바로 서고 안 달리면 쓰러지는 건 뭘까?"

누리가 잠시 생각하더니 대답했어요.

"○○○!"

"그럼 **뼈대에 울퉁불퉁 말랑한 도넛 옷을 입고 굴러 가는 것은?**"

"○○!"

"그래, ○○는 마찰을 줄여서 무거운 것도 쉽게 움직이게 하지. 그런데 멈춰야 할 때 잘 멈추는 것도 중요하겠지? 그래서 ○○는 고무로 만들어져 있단다."

누리가 씩 웃더니 대답했어요.

"고무가 마찰을 크게 해서 잘 멈추게 하는군요!"

달리면 **똑바로** 서고 안 달리면 쓰러지는 것은?

진구도 운동화 바닥을 보며 이야기했어요.
"운동화 바닥도 울퉁불퉁해요.
마찰을 크게 해서 미끄러지지 않게 하는 거죠."

뼈대에 **울퉁불퉁** 말랑한
도넛 옷을 입고 굴러 가는 것은?

삐딱술사가 누리 때문에 토라져 있는 진주에게 말했어요.
"진주야, 불면 불수록 커지는 것 줄까?"
"○○ 말인가요?"
"이제 진주도 수수께끼 박사구나. 여기 있다!"

불면 불수록 커지는 것은?

삐딱술사가 ○○을 진주 손에 들려 주자 진주는 붕 하고 떠올랐다 내려왔다, 또 떠올랐다 내려왔다 했어요.
진주를 쳐다보던 삐딱술사가 뭔가 생각난 듯 물었어요.
"올라가면 내려가고 내려가면 올라가는 게 뭐지?"
누리가 두 손을 위아래로 올렸다 내렸다 하며 생각하는 사이 진구가 얼른 대답했어요.
"아, 저거군요! ○○!"
"그래."

진주가 시소로 달려가 한쪽에 앉자 진구가 다른 쪽에 앉았어요.

진구가 앉은 쪽이 쿵 하고 내려오자 진주가 훌쩍 위로 올라갔지요.

진주가 아무리 발을 굴러도 시소는 내려오지 않았어요.

"계속 이러고 있으라고? 나도 내려가고 싶단 말이야."

진주가 툴툴거리자 진구는 엉거주춤 앞쪽으로 옮겨 앉았어요.

그러자 시소가 오르락내리락했지요.

"나도 타자!"

진주 앞에 누리가 앉자 이번엔 진구가 훌쩍 올라갔어요.

진구는 시소 끝으로 옮겨 앉아 발을 세게 굴렀어요.

"시소에서 어느 쪽으로도 기울어지지 않게

중심을 잡아 주는 곳은 어디지?"

삐딱술사가 묻자 진구가 대답했어요.

"그야, 가운데죠. 그 아래 받침대가 있잖아요."

"시소가 한쪽으로 기울지 않으려면 무거운 사람은 앞쪽에,

가벼운 사람은 뒤에 앉아야 해요."

누리가 위로 올라갈 때 다리를 앞으로 쭉 뻗으며 말했어요.

아무리 쓰러뜨려도 **똑바로** 다시 서는 것은?

"그럼 비행기나 배에서 무거운 짐을 어디에 실어야 할까?"

삐딱술사는 시소 가운데에 앉아서 물었어요.

"아, 그러고 보니 생각나는 게 있어요."

누리는 대답 대신 수수께끼를 냈어요.

"아무리 쓰러뜨려도 똑바로 다시 서는 것은?"

"○○○!"

진주가 재빨리 대답하자 누리는 씩 웃으며 시소에서
진주를 안아 내려주었어요.

"오뚝이를 툭 쳐도 바로 일어나는 건 무거운 추가 아래에 있어서예요.
그러니까 배나 비행기에도 무거운 짐은 아래쪽에 실어야 해요."

진구가 시소에서 내려오며 말했어요.

"그렇지. 물체의 중심을 아는 것은 정말 중요해.
집을 짓거나 탑을 쌓을 때, 자동차니 배를 설계할 때도 말이지.
물체의 중심이 아래쪽에 있으면 잘 쓰러지지 않거든.
피사의 탑이 계속 기울어져도 지금까지 꿋꿋하게 서 있는 건
무게중심이 탑 안쪽에 있기 때문이야."

삐딱술사는 누리와 진구를 번갈아 보며 말했어요.

어느덧 사방에 노을이 지고 있었어요.
"자, 그럼 오늘도 이만."
삐딱술사는 항상 그랬듯이 붉은 노을 속으로 사라졌어요.
"오늘 정말 재미있었지?"
누리 말에 진주는 고개를 크게 끄덕였어요.
진구는 누리의 어깨에 팔을 얹으며 말했어요.
"어이! 생각 친구, 우리 내일은 뭐 하고 놀까?"
그 순간 향기로운 바람이 아이들을 휘감고 지나갔어요.

바람 꼬리를 따라 푸른 빛이 반짝하더니
하늘로 쑥 올라가
반짝반짝 빛나는 별이 되었지요.
누리와 진구는 하늘을 향해
손을 흔들었어요.
"삐딱술사님! 다음에 또 만나요!"

정답

• 공기	11쪽
• 바람	13쪽
• 태양	14쪽
• 그림자	17쪽
• 눈사람	19쪽
• 구름	21쪽
• 물	27쪽
• 물방울	31쪽
• 안개	32쪽
• 우박	32쪽
• 이슬	33쪽
• 반딧불이	34쪽
• 개똥	39쪽
• 온도계	45쪽
• 깔때기	47쪽
• 불꽃	48쪽
• 양초	48쪽
• 부채	56쪽
• 못	57쪽
• 거울	58쪽
• 유리	58쪽
• 튀밥	59쪽

• 소금쟁이	61쪽	• 미끄럼틀	93쪽
• 소금	62쪽, 63쪽	• 자전거	96쪽
• 번개	64쪽	• 바퀴	97쪽
• 천둥	64쪽	• 풍선	98쪽
• 피뢰침	68쪽	• 시소	99쪽
• 팽이	71쪽	• 오뚝이	102쪽
• 달리기	74쪽		
• 꿀밤	75쪽		
• 중력	77쪽		
• 연날리기	87쪽		
• 얼레	87쪽		
• 민들레 씨앗	88쪽